PANÉGYRIQUE

DE

SAINT MARTIN

ÉVÊQUE DE TOURS

ORLÉANS. — IMP. ERNEST COLAS.

PANÉGYRIQUE

DE

SAINT MARTIN

ÉVÊQUE DE TOURS

PRONONCÉ A TOURS

Dans l'Église cathédrale, le 16 novembre 1862

PAR

Mgr L'ÉVÊQUE D'ORLÉANS

Se vend pour aider à la reconstruction de la Basilique de Saint-Martin.

PARIS

DOUNIOL, LIBRAIRE-ÉDITEUR, RUE DE TOURNON, 29

ORLÉANS

ALPHONSE GATINEAU		BLANCHARD
LIBRAIRE-ÉDITEUR		LIBRAIRE – ÉDITEUR

TOURS

CATTIER, LIBRAIRE-ÉDITEUR.

1863

PANÉGYRIQUE

DE

SAINT MARTIN

ÉVÊQUE DE TOURS

PRONONCÉ A TOURS, DANS L'ÉGLISE CATHÉDRALE

LE 16 NOVEMBRE 1862

--- ◦◦◇◦◦ ---

> *Declinavit ut videret cadaver leonis;*
> *et ecce examen apum erat in ore leonis*
> *ac favus mellis, et de forti egresssa est*
> *dulcedo.*
>
> Il alla regarder de près ce qui restait
> de ce lion, et tout à coup il découvrit un
> essaim d'abeilles et un rayon de miel
> dans la gueule du lion, et c'est du fort
> qu'était sortie la douceur.
>
> (*Jud.*, cap. VIII, v. 8 et 14).

MESSEIGNEURS (1), MESSIEURS,

Lorsque j'ai voulu me retracer rapidement à moi-même, pour vous
la redire ici, la prodigieuse vie du saint et grand évêque dont le souvenir, immortel après tant de siècles, nous rassemble en ce jour,
dans cette auguste basilique, je n'ai pas trouvé de termes plus carac-

(1) Etaient présents NN. SS. les archevêque et évêques de Tours, d'Angers,
de Laval, de Moulins et d'Évreux.

téristiques et plus vrais, pour la résumer et la définir, que ces paroles singulières: « *Examen apum erat in ore leonis ac favus mellis,* « *et de forti egressa est dulcedo :* Un essaim d'abeilles avec un « rayon de miel se rencontra dans la gueule du lion, et c'est du fort « que sortit la douceur. »

Oui, quand un homme extraordinaire a passé sur la terre, quand un spectacle inaccoutumé de grandes vertus et de grandes œuvres a été donné au monde, si l'on remonte à la source, si l'on recherche le principe de ces œuvres, la racine de ces vertus, ce qu'on trouve toujours, c'est la tendresse avec la force, c'est l'énergie avec l'amour : *Declinavit ut videret cadaver leonis, et ecce examen apum erat in ore leonis, ac favus mellis.*

L'énergie et l'amour, la tendresse du cœur et la force du caractère, c'est là vraie et complète vertu chrétienne et sacerdotale. Pour un évêque, pour un prêtre, comme pour le plus simple chrétien, l'une sans l'autre ne suffit pas. La force sans la douceur de l'âme, c'est une rudesse, quelquefois terrible ; la douceur sans la force du caractère et de la conscience, c'est toujours une défaillance déplorable. La douceur et la force s'achèvent l'une l'autre, et toutes deux font ensemble la grandeur et là fécondité de toute vie puissante ici-bas.

Eh bien ! ces deux grandes puissances morales, ces deux grands dons de la nature et de la grâce, c'est votre saint Martin tout entier : ce fut le fond de sa nature, l'expression vive de son apostolat, l'inspiration de toutes ses œuvres : une tendresse, mais virile et énergique ; une force, mais trempée dans la douceur et revêtue des charmes de l'humilité et de la charité évangélique, voilà ce qu'on rencontre à l'origine et dans tout le cours de cette vie : une des plus étonnantes, assurément, que l'histoire des Saints nous présente, et de celles qui ont le plus vivement frappé au cœur et saisi l'imagination des peuples chrétiens : *Examen apum erat in ore leonis ac favus mellis.*

Saint Martin, Messieurs, est, sans contredit, l'Évêque et le Saint le plus illustre de nos Églises, et peut-être de la Chrétienté tout entière, si l'on excepte les Apôtres.

C'est lui que la tradition chrétienne a appelé le grand Thaumaturge des Gaules.

C'est à lui que la piété reconnaissante de nos pères a consacré, sur le sol de notre patrie, plus de quatre mille Églises (1), sans compter celles qui ont été bâties en son honneur dans le monde entier, et jusque dans la Ville éternelle (2).

C'est par lui, comme l'a dit un saint et éloquent historien, que l'Église des Gaules n'a rien à envier à la Grèce ; parce que si la Grèce a eu Paul, à la Gaule il a été donné d'avoir Martin (3).

Et certes, l'honneur d'un si illustre éloge lui était dû ; car si les Gaules ont été purifiées à jamais du culte des faux dieux, si la France a été et demeure encore, malgré tant de douleurs, la fille aînée de l'Église, c'est à saint Martin qu'en revient la gloire : car celui qui porta le coup décisif aux vieilles idoles, celui qui éleva parmi nous, sur les ruines du paganisme à jamais abattu, la gloire du Dieu vivant, c'est lui, c'est ton Évêque, ô antique et illustre Église de Tours !

Votre immense concours dans cette enceinte, Messieurs, témoigne assez que vous avez hérité du respect religieux des âges pour cette grande mémoire : j'en suis profondément ému ; et, néanmoins, bien que tout soit ici pour votre illustre patron, je ne veux pas oublier ce que j'y rencontre aussi de bienveillance pour moi.

Mais, l'accablement d'incessantes occupations et une extrême et persistante fatigue ne me permettent guère, je le sens, de répondre à votre pieuse attente ; je ne viens pas vous faire un solennel discours : je vous dirai simplement, sur votre grand Saint, ce que j'ai médité de sa vie pour moi-même et pour mon âme. Je vous raconterai, dans un court et familier entretien, sa naissance, sa vie, sa mort.

---

(1) Voici quelques extraits du travail statistique qui a été fait au sujet des églises consacrées à saint Martin sur le sol de la France : à Angers, 40 ; Laval, 51 ; Le Mans, 54 ; Rennes, 70 ; Rouen, 142 ; Coutances. 166 : Évreux, 93 ; Séez, 60 ; Reims, 73 ; Amiens. 155 ; Beauvais, 116 : Soissons, 152 ; Cambrai, 128 ; Arras, 174 ; Besançon. 84 ; Metz, 56 ; Nancy, 80 ; Belley, 54 ; Versailles. 69 ; Meaux, 62 ; Chartres. 66 ; Orléans, 45 ; Bordeaux, 61 ; Poitiers, 49 ; Bourges, 65 ; Lyon, 47, Langres, 72 ; Dijon. 62 ; Autun, 60 ; Auch. 54 ; etc., etc.

(2) Saint Benoît, déjà vers l'an 530. éleva un sanctuaire en l'honneur de saint Martin au sommet du mont Cassin, sur les ruines du temple d'Apollon.

(3) « *Felicem quidem Græciam, quæ meruit audire apostolum prædicantem; sed nec Gallias a Christo derelictas, quibus donavit Dominus habere Martinum.* » (Gregorius Tur., *De Miraculis sancti Martini,* cap. x, édit. Mign., p. 913).

Je n'entends pas sa naissance terrestre, mais sa naissance à la vie chrétienne, son généreux catéchuménat et son baptême;

Puis son austère et grande vie de moine et d'évêque;

Et enfin, son saint repos dans la mort, au terme d'une si longue et si laborieuse carrière, c'est-à-dire sa naissance à l'éternelle vie dans une mort incomparable.

Et partout, dans les phases diverses de cette prodigieuse existence, ce que nous verrons toujours éclater, c'est ce grand trait que j'ai marqué avec l'Écriture au commencement de ce discours : la tendresse et la force, l'énergie et l'amour : *Examen apum erat in ore leonis ac favus mellis.*

Le respect de votre présence, Monseigneur, me défend ici toute louange pour le digne successeur de saint Martin : et toutefois, quand j'ai parlé tout à l'heure de la douceur et de la force sacerdotale, c'était vous aussi que je nommais, sans le vouloir, à tous ceux qui connaissent votre caractère, votre devise, et votre emblème : un agneau et un lion au pied de la croix.

I

La naissance terrestre chez les Saints compte peu : je me borne à remarquer, en passant, que cet enfant, qui devait un jour être un si vaillant soldat de Jésus-Christ, et faire au démon une si rude guerre, était fils d'un vétéran des armées de l'Empire.

Sa patrie n'était pas la Gaule : c'est dans l'antique Pannonie, au sein de cette forte et généreuse race, qui donna plus tard à l'Église le glorieux roi saint Étienne, saint Ladislas, la douce sainte Élisabeth, sans parler de ces guerriers chrétiens qui furent le boulevard de l'Europe contre l'islamisme, Scanderberg, Huniade, Mathias Corvin, c'est là que notre Saint vit le jour.

Les lieux où naquirent les Saints sont toujours d'un grand souvenir : on voit encore aujourd'hui, on aime à visiter en Hongrie, sur les confins de la Styrie et de l'Autriche, non loin des bords du Danube, près des ruines d'une ville antique, une colline nommée *le Mont sacré de Pannonie*, d'où la vue domine au loin la campagne, et, au pied de la colline, une bourgade sur les rives d'un clair ruisseau : ce fut la patrie de saint Martin.

Il naquit en 316, au commencement de ce grand ivᵉ siècle, qui vit succéder aux persécutions les hérésies, et aux martyrs les grands docteurs, les grands pontifes, les grands anachorètes ; dans le siècle des Athanase, des Basile, des Grégoire de Nazianze, des Épiphane, des Ambroise, des Augustin, des Jérôme ; dans le siècle des Paul, des Antoine, des Hilarion, des Pacôme ; et il faut ajouter que saint Martin était destiné de Dieu à rassembler en lui seul toutes les gloires des Pères du désert et des Pontifes, à être tout à la fois le patriarche des saints anachorètes et le modèle des grands Évêques.

Cependant, il naquit dans le paganisme, que le Christianisme triomphant n'avait pas encore vaincu partout : mais la grâce de Dieu le prévint dès sa première enfance. Je ne sais quelle lumière venue des régions célestes attirait ses regards, je ne sais quel charme, quel attrait des vertus chrétiennes touchait son cœur ; et, quoique né d'un père et d'une mère idolâtres, tout jeune encore — la tradition toujours vivante dans le pays en a gardé le souvenir — il aimait à se retirer dans une grotte située au flanc de la montagne pour y invoquer le Dieu des chrétiens.

C'est sous le ciel plus doux de l'Italie que vint s'achever son enfance, à Pavie, où le service militaire avait amené son père, tribun dans les armées impériales.

Ce fut là qu'il fit éclater le premier trait de cette force d'âme qui devait, pendant le cours de sa longue vie, le rendre victorieux de tant d'obstacles sur la terre, là que, selon l'expression de son historien, se trahit, se révéla l'enfance prédestinée de cet illustre saint : *Sacra illustris pueri spiravit infantia* (1).

Grâce à Dieu, et je suis aise de vous le faire bien remarquer dès l'entrée de ce discours, rien n'est plus avéré et plus authentique que l'histoire de saint Martin : c'est un de ses contemporains, un de ses disciples, souvent témoin oculaire des faits qu'il raconte, c'est Sul-

____

(1) Sulpice Sévère, *Vie de saint Martin*, ch. ii.

pice Sévère qui nous en a fait le récit fidèle, dans un style digne souvent des plus grands maîtres. Sulpice Sévère fut un historien et un écrivain des plus lettrés et des plus éclairés de son temps ; et il faut dire, en ce qui touche sa *Vie de saint Martin*, ses *Lettres* et ses *Dialogues* sur ce grand Saint, que la simplicité et la vivacité de la narration mettent d'une manière saisissante la vérité sous les yeux, et font assister aux scènes qu'il raconte : il est impossible de lire une telle histoire, sans éprouver un sentiment de sympathie profonde et de conviction paisible, qui donne un charme extrême à cette lecture.

Donc, les prémices de l'Esprit Saint dans l'âme du jeune Martin, cette lumière qui lui avait apparu déjà, cet ardent désir de vie sainte et chrétienne, et comme dit saint Paul, ce goût secret des vertus du siècle futur ; en un mot, les prévenances de la grâce et la fidélité courageuse étaient telles dans ce jeune cœur, qu'à dix ans, et malgré les influences contraires de sa famille, il courut à l'Église chrétienne, et avec cette flamme d'un regard qui cherche la vie éternelle, il conjura les prêtres de cette Église de l'inscrire au rang des catéchumènes.

Puis, bientôt après, une nouvelle inspiration de la grâce éleva son cœur à des pensées plus hautes ; et tout entier à sa pieuse ardeur, il s'élança dès lors par le désir vers cette vie monastique, qui, un jour, sera un des plus grands côtés de cette grande existence.

La vie monastique avait été récemment portée d'Orient en Occident, et elle entraînait alors les âmes les plus généreuses au désert, sous l'influence d'un attrait inconnu jusque-là, et qu'excitaient surtout les écrits éloquents d'Athanase.

Mais Martin était fils de vétéran, et tout à coup les édits impériaux l'obligèrent à servir. Son père, irrité de voir dédaigner dans sa famille les deux choses qu'il prisait le plus, sa profession militaire et son culte, dénonça lui-même son fils. Saisi, garrotté, Martin, à quinze ans, est enrôlé de force. On lui donne un baudrier, un casque, une cuirasse, la chlamyde de laine, un cheval, une épée, et on le fait cavalier de Constance.

Mais portant sous sa cuirasse de fer, comme tant d'âmes intrépides, un cœur pieux et fort, le jeune soldat, dit Sulpice Sévère, exact d'ailleurs, et irréprochable dans le service militaire, pratiquait au sein de cette existence tumultueuse les plus rares vertus chrétiennes : il servait l'empereur son maître, mais il servait aussi, et avec un cœur plus tendre, les pauvres, il servait les malades, il servait ses camarades de guerre, il servait même l'unique serviteur qu'on lui avait donné : austère et chaste dans l'agitation des camps, moine plutôt que soldat dans ses mœurs (1); tout en lui était marqué au double caractère d'une pureté angélique et d'un héroïque courage.

Aussi sa vertu, loin d'être moquée, était chérie et vénérée de ses compagnons d'armes, surtout à cause de sa bonté de cœur et de sa charité : Toute sa solde passait en aumônes, il donnait tout et ne se réservait rien pour lui-même. De cette charité, vous connaissez, Messieurs, le trait le plus célèbre et à jamais populaire.

Un jour de froid hiver, les cavaliers de Constance, après une longue et rude marche, entraient à Amiens, ville considérable de la Gaule-Belgique : aux portes de la ville se trouvait un pauvre, demi nu, transi de froid, qui demandait la charité d'une voix plaintive : les cavaliers passaient sans même regarder le mendiant : Martin l'aperçoit, et en est ému : il ne peut voir souffrir un enfant de Dieu, un pauvre de Jésus-Christ, sans que ses entrailles se troublent. Mais que faire? Il avait déjà tout donné, il ne lui restait que sa chlamyde et son épée : il détache sa chlamyde, tire son épée, coupe en deux le manteau, en donne une moitié au pauvre, rejette l'autre sur ses épaules, et continue sa marche.

Il y eut des soldats qui sourirent en voyant Martin, sur son cheval, avec une moitié de manteau. Mais voilà que tout à coup, en retour de cette admirable charité, et de ces rires, la nuit suivante, pendant que le jeune guerrier prenait son repos, il vit tout à coup apparaître autour de lui une multitude d'anges, et au milieu d'eux, un pauvre radieux, revêtu d'une moitié de manteau ; et puis : « Regarde « attentivement ton Seigneur, lui dit une voix, et reconnais le man- « teau que tu as donné au pauvre. » Et en même temps, il vit et il entendit le Christ se tourner vers les anges et leur dire : « Martin, en-

____

(1) *Non miles, sed monachus... Quibus rebus ita sibi omnes commilitones suos devinxerat, ut eum miro affectu venerarentur... Assistere laborantibus, opem ferre miseris, alere egentes, vestire nudos, nihil sibi ex stipendiis militiæ reservans.* S. S., *de vitâ*, c. II.

« core catéchumène, m'a couvert de ce manteau. *Martinus, adhúc*
« *cathecumenus, hac me veste contexit* (1). » — Admirable récompense, et divine glorification de la charité ! C'était bien le mot du Seigneur : « *Tout ce que vous aurez fait au plus petit d'entre mes*
« *frères, c'est à moi-même que vous l'aurez fait* (2). »

Rien n'effaça jamais, Messieurs, de la mémoire du peuple, ce souvenir de saint Martin couvrant le pauvre et Jésus-Christ de son manteau. Et je ne crois pas me tromper dans mes sentiments et mes pensées,
en affirmant que, parmi les bénédictions de Dieu sur cette terre de
France, une des plus grandes et des plus efficaces fut la pénétration
et l'enseignement de cet éclatant exemple, qui révélait aux générations
chrétiennes la merveilleuse identification du pauvre avec Jésus-Christ, du
service du Christ dans le service du pauvre ; et mettait si profondément
au cœur de la nation française, je ne sais quel germe puissant d'amour
pour le pauvre, je ne sais quel beau feu de charité : flamme inextin-
guible, qui a traversé tant d'orages, capables de tout éteindre, de tout
emporter dans leur violence impie, et qui aujourd'hui encore, malgré
de récentes et graves injures, suscite et soutient parmi nous tant
d'œuvres généreuses, et rallume dans notre patrie le flambeau de la
foi aux flammes d'une charité qui ne périt pas.

Depuis cette glorieuse nuit où il avait vu la resplendissante apparition
de Jésus-Christ, son bon maître, où il s'était entendu nommer par lui
de son nom et du nom de catéchumène, le désir incessant du baptême
se renouvela plus ardent dans l'âme de Martin. Il en sollicite la faveur,
et, tout soldat qu'il est, il accepte les abstinences, les confessions, les
veilles, les prostrations, les prières, et toutes les préparations que
l'Église mettait à ce grand et suprême engagement du baptême, dont
nous sentons si médiocrement, hélas ! nous, en nos temps de peu de
foi, l'incomparable dignité.

Au sortir des fonts sacrés, et après avoir porté la blanche robe des
baptisés, symbole de la résurrection du Sauveur et de la vie nouvelle
en Jésus-Christ, le jeune soldat sentit se réveiller en lui ces grands
désirs de solitude, de pénitence, d'entière consécration à Dieu qui

(1) S. S., *de vitâ*, c. II.
(2) S. Mat., , xxv 40.

l'avaient ému au premier moment de sa conversion. Et ne voulant plus être soldat que du Christ, *bonus miles Christi,* comme dit saint Paul (1), il se décide à quitter le service.

Il allait exécuter ce dessein, quand tout à coup les Barbares passent le Rhin et envahissent les Gaules. Le César Jules marche aussitôt contre eux ; et pour donner du cœur à ses soldats, il leur fait distribuer, selon l'usage, d'abondantes largesses : Martin, qui a résolu de ne plus servir, ne croit pas pouvoir accepter les libéralités du César, et quand son tour fut venu : « César, lui dit-il avec un libre respect, « j'ai assez longtemps servi sous vos drapeaux : permettez que main-« tenant je passe au service de Dieu : réservez vos largesses pour « ceux qui feront la campagne : pour moi, je suis désormais soldat « de Jésus-Christ. » Le César frémit à ce langage. « Quoi ! à la veille « d'une bataille, s'écrie-t-il : c'est une lâcheté ! » — « Une lâcheté, « reprend Martin avec douceur ; eh bien ! demain, mettez-moi, sans « bouclier, sans casque et sans armes, aux premiers rangs de l'armée, « en face des barbares, et seul je m'élancerai avec confiance au plus « pressé des rangs ennemis (2). »

Mais le lendemain les Barbares demandèrent la paix, et Martin fut ainsi délivré du service militaire.

Et voilà qu'aussitôt ce jeune vétéran de l'armée romaine, « élevé dans les camps pour l'Église (3), » cherche du regard dans la chré_tienté un pontife pour apprendre auprès de lui la milice plus dure encore de la vie chrétienne et apostolique.

Il alla d'abord à Trèves, près de l'évêque saint Maximin, qui se prit de grande affection pour ce jeune homme. Tous deux firent ensemble le pèlerinage de Rome. Et il y a deux siècles, les religieux du monastère de Saint-Maximin conservaient encore parmi leurs reliques les bâtons de voyage des deux pèlerins.

Mais si grand qu'il fut, l'Évêque saint Maximin n'était pas le maître que Dieu avait destiné à saint Martin. Saint Martin le trouva à Poitiers,

---

(1) *S. Paul. ad Tim.,* ii, 2. 3.

(2) *Crastinâ die ante aciem inermis adstabo, non clypeo protectus aut galeâ, et hostium cuneos penetrabo securus.* S. S. *de vitâ,* C. III.

(3) M. Villemain, dans son célèbre ouvrage *de l'Eloquence chrétienne au* iv° *siècle.*

dans cet incomparable saint Hilaire, l'Athanase des Gaules, qui étonnait alors le monde par la grandeur de son caractère, et qui réjouissait l'Église par la beauté de sa doctrine et la splendeur de ses vertus. Les Saints se connaissent et se comprennent vite : Hilaire eut bientôt deviné l'âme du jeune Martin, et voulut l'attacher comme diacre à son église : l'humilité de Martin ne put jamais se résigner qu'à la dignité plus modeste d'exorciste.

Tout entier au service de Dieu, et sentant l'inappréciable bonheur qu'il avait de vivre sous la direction d'un si grand et si saint pontife, Martin était enfin au comble de ses vœux : toutefois, quelque chose manquait à son cœur. Car l'amour surnaturel que la grâce de Dieu allume dans une âme n'éteint pas les sentiments profonds et sacrés de la nature. Dans le fond de la Pannonie, il avait une mère, et cette mère ne connaissait pas, n'aimait pas Jésus-Christ. Il sentit qu'il devait l'évangile à sa mère : et ce zèle de la piété filiale fut au fond de son cœur et de ses entrailles comme un feu qui ne lui permit pas de demeurer en repos sur la terre des Gaules. Il ira donc, malgré la distance et les périls du voyage, il ira faire dans sa patrie, dans sa famille, les premiers essais du plus cher apostolat : Hilaire y consent, à condition que Martin reviendra bientôt, près de son maître et de son ami, à l'Église qui est désormais sa patrie : il en fait la promesse, et il part, et vous voyez déjà ici, Messieurs, comme partout dans cette vie, la tendresse et la force de ce cœur prêt à tous les dévouements et à tous les sacrifices.

Son historien raconte un incident de ce voyage, dont je ne crois pas devoir vous refuser le récit, parce qu'il continue à montrer tout ce qu'il y avait d'intrépidité dans cette jeune âme. En traversant une gorge sauvage des Alpes, — il paraît que c'était une gorge de ces montagnes, dont la plus célèbre se nomme aujourd'hui le *Mont-Cenis* — il tombe au milieu d'une bande de voleurs, et l'un d'eux levant sur lui sa hache : — Qui es-tu, lui demande-t-il ? — Je suis un chrétien, repond Martin. — Eh bien ! tu n'as pas peur ? — Je n'ai jamais été plus tranquille (1). Seulement, ce qui me trouble, c'est de voir des

<hr>

(1) *Percontari ab eo cœpit : Quisnam esset ? Respondit christianum se esse. Quærebat etiam ab eo, an timeret ? Tum vero se constantissime profitetur, nunquam se fuisse tam securum. S. S., de vitâ, c. IV.*

hommes qui, par leurs crimes, se rendent indignes des miséricordes de Jésus-Christ. — Et là-dessus, son zèle s'enflammant, il se met à parler au brigand avec tant de force, qu'il le convertit, et si bien qu'il en fit un moine.

Comment sa mère eut-elle résisté à une parole déjà si puissante? Il eut la joie de la gagner à Jésus-Christ, et avec elle deux de ses oncles, et sept de leurs fils, qui plus tard vinrent le réjoindre, vécurent et moururent saintement ici, près de vous, dans son monastère de Marmoutiers.

Tel fut le début de cette vie, et la naissance spirituelle et laborieuse de cette grande âme. C'est ici que commence la carrière apostolique de saint Martin, dont toutes ces vertus n'étaient que le prélude. — Quelquefois la lumière du jour, après avoir dissipé peu à peu et lentement, mais avec force, les ombres du matin, tout à coup s'épanche et rayonne dans l'espace : ainsi, la préparation providentielle une fois accomplie, saint Martin va s'élancer librement dans sa glorieuse course, et on pourra dire de lui la grande parole du prophète : *Exultavit ut gigas ad currendam viam;* et le monde entier sera échauffé de ses rayons : *Nec est qui se abscondat à calore ejus* (1).

II

Une incomparable vie, Messieurs, va maintenant se dérouler devant nos yeux; mais le faible panégyriste, comme l'éloquent biographe du Saint, se reconnaît impuissant à la dépeindre : *Qualem se, quantumque præstiterit, non est nostræ facultatis evolvere : victi materiæ mole succumbimus* (2). Martin, comme dit Bossuet, va remplir l'univers chrétien du bruit de sa sainteté et de ses miracles.

Disons d'abord, Messieurs, que toutes les grandes œuvres qui éclatent au dehors ont leur racine secrète dans les vertus cachées au fond de l'âme, que toute vie extérieure a son support dans la vie intime, et qu'en un mot les grandes actions, non moins que les grandes pensées, viennent du cœur, d'un cœur généreux et fort.

(1) Ps. XVIII.
(2) S. S., *de vitâ*, c. XXVI.

C'est pourquoi il ne faut pas seulement regarder à l'éclat extérieur d'une vie : il y a quelque chose, d'un intérêt plus profond, à considérer; il faut descendre dans le cœur de l'homme, scruter cet esprit de l'homme que l'Esprit de Dieu seul scrute bien jusque dans son fond : il faut chercher là le secret de ces prodiges qui nous étonnent, mais qui s'expliquent toujours par les merveilles cachées qui les enfantent.

Martin fut un grand évêque, un grand apôtre : c'est lui qui triompha définitivement du paganisme obstiné dans les Gaules, et qui en extirpa, du cœur des populations, les dernières et vivaces racines ;

Martin fut avec Hilaire un des plus puissants athlètes qui abattirent l'arianisme ;

Martin soutint avec magnanimité, à la cour des empereurs, l'honneur du caractère épiscopal;

Martin fut un homme puissant en œuvres comme en paroles, et tout son siècle demeura stupéfait de ses miracles.

Mais tout ce grand éclat de vie publique ne fut que l'épanouissement au dehors des vertus de sa vie cachée ;

Tout cela fut le fruit merveilleux de l'humilité et de l'austérité monastique ; de la foi vive, de la prière silencieuse, de la douceur évangélique, de l'amour ardent et mortifié ; en un mot, de la tendresse profonde de l'âme unie à la force héroïque du caractère : *De forti egressa est dulcedo.*

Avant donc de dérouler les effets, remontons à la cause; avant de contempler l'apôtre, l'évêque, regardons le moine. En saint Martin, évidemment, c'est l'homme intérieur, c'est le grand moine qui a fait le grand apôtre, le grand évêque.

Déjà Martin avait fait à Trèves, près de Maximin, et à Poitiers, près d'Hilaire, les premiers essais de la vie monastique ; et déjà aussi, en Illyrie, y avaient répondu ses premiers essais de vie apostolique et son zèle contre l'arianisme.

Battu de verges, chassé de sa patrie par les Ariens, qui étaient partout implacables et alors tout puissants, il retournait en Gaule, selon sa promesse, auprès de son ancien maître, quand tout à coup il apprend qu'Hilaire, l'invincible défenseur de la foi de Nicée, est exilé au fond de la Phrygie, comme saint Athanase l'avait été plusieurs fois dans la

Gaule : le despotisme impérial dans ces temps-là se plaisait à déporter ainsi d'un bout du monde à l'autre les Évêques fidèles, mais « les caprices de la force aveugle demeuraient impuissants, et le bras du persécuteur ne servait qu'à lancer au loin la semence de la vérité avec l'exemple du courage (1). » Martin ne voulut pas revenir à Poitiers sans son Évêque ; et en l'attendant, il établit à Milan un monastère, *Monasterium constituit sibi*, pour lui et pour les disciples qui se rassemblaient déjà autour de lui ; puis, de nouveau chassé de là par les Ariens, il se retira, avec un seul prêtre, dans l'île *Gallinaria*, sur les côtes de la Ligurie, asile aujourd'hui encore des poules sauvages, d'où lui était venu son nom ; c'est maintenant l'*Isoletta d'Alberga*, que j'ai eu l'extrême consolation de voir en passant sur ces côtes, rocher battu des flots, exposé à toutes les ardeurs du soleil, sans ombres et sans habitants : là il put se livrer à toutes les austérités de la vie anachorétique, ne vivant que de racines et d'herbes amères, conquérant dès lors sur son propre corps cet empire qui plus tard lui soumit la nature elle-même.

Enfin, dans cette âpre solitude, la nouvelle lui vient qu'Hilaire, rappelé de l'exil, est à Rome ; il part aussitôt pour l'y rejoindre.

Pendant ce temps, Hilaire avait quitté Rome ; il rentrait dans les Gaules, mais ne voulant pas, lui aussi, y revenir sans son disciple, il avait été le chercher jusque sur les côtes de la Ligurie.

Je ne sais, Messieurs, mais il me semble que rien n'est plus touchant que ces témoignages de mutuelle amitié entre ces deux illustres saints.

Il ne faut pas seulement, quand on étudie la vie des Saints, regarder les actions éclatantes, les grands miracles ; il faut voir aussi ce qu'il y a de cœur en eux, d'affectueux, de bon, de tendre. Ainsi voilà saint Hilaire, ce grand Évêque, ce défenseur intrépide, comme saint Athanase, de la divinité du Verbe et de la foi de Nicée, cet homme qui tenait les empereurs en crainte devant Dieu, et le monde catholique suspendu à sa parole, le voilà qui va lui-même à la recherche de son jeune disciple, et qui, triste de ne pas le rencontrer

______

(1) M. de Montalembert, dans son beau livre, *des Moines d'Occident*, t. Ier, p. 213.

2

dans sa retraite, veut au moins, pour se consoler, visiter les lieux que Martin avait quelque temps habités, et se plaît à parcourir les divers sentiers de cet îlot sauvage, pour retrouver la trace et le souvenir de celui qu'il aimait.

C'est au retour de cet exil qu'Hilaire reçut des Évêques des Gaules ce triomphant accueil dont parle saint Jérôme : *Hilarium de prælio revertentem Galliarum Ecclesia complexa est* (1) : quand Hilaire revint de ses illustres combats, toute l'Église des Gaules le reçut dans un immense embrassement. — Jamais exilé, en effet, n'était rentré dans sa patrie plus glorieux : la proscription n'avait pas étouffé sa voix, et, du fond de la Phrygie, le vieil athlète de la foi avait pu combattre encore, et envoyer à tout l'épiscopat catholique ses douze livres de *la Trinité,* et l'on avait senti dans cet ouvrage de l'Évêque exilé cette force irrésistible, cette rapidité entraînante qui l'ont fait nommer par saint Jérôme, *le Rhône de l'éloquence latine* (2).

C'est près d'un tel homme que Martin se préparait lui-même, par toutes les austérités de la vie monastique, aux grands combats de l'apostolat. Car ce fut sous ses auspices qu'il fonda, aux portes de la ville épiscopale, ce monastère de Ligugé, que l'histoire désigne comme le premier monastère des Gaules : ainsi la vie monastique, dont les merveilles venaient d'être racontées à l'Occident par saint Athanase, devait s'introduire au milieu de nous par deux grands Évêques, saint Hilaire et saint Martin.

Là Martin pouvait à son gré savourer enfin les âpres douceurs de la vie pénitente après laquelle il avait soupiré dès son enfance ; mais en même temps le zèle des âmes l'arrachait au repos de sa cellule, et il allait, comme un autre Jean-Baptiste, prêcher la pénitence et semer la parole de Dieu dans tout le pays d'alentour : *Tum prædicationis lumen per totam viciniam spargere cœpit.*

C'est alors, habitants de Tours, que vous êtes venus l'enlever à sa

____

(1) *Tunc triumphatorem suum Athanasium Ægyptus excepit; tunc Hilarium de prælio revertentem Galliarum Ecclesia complexa est; tunc ad reditum Eusebii lugubres vestes Italia mutavit.* — (Hyeron., *advers. Luciferianos,* t IV, 2ᵉ partie, p. 301.)

(2) *Quum et Hilarius latinæ eloquentiæ Rhodanus.* — (Hyeron., *Comment. in Epist. ad Galat. Præf. secundi libri,* t. IV, p. 255.)

retraite, et lui imposer, malgré ses résistances, le fardeau de l'Épiscopat. Je ne vous raconterai pas la pieuse ruse dont il fallut se servir,
pour l'amener bon gré mal gré jusqu'ici, ni les détails de son élection :
vous savez toutes ces choses, ce sont là les premiers récits qui ont
charmé votre enfance.

Le voilà donc Évêque, mais il ne cessera pas d'être moine, c'est-à-
dire pauvre, austère, pénitent, faisant au corps cette implacable
guerre qui le dompte et l'asservit. Martin, dit son pieux historien,
Martin, sur le siége de Tours, fut le même qu'à Ligugé : *Idem constantissime perseverabat, qui priùs fuerat :* même humilité dans le
cœur, même pauvreté dans le vêtement; mais en même temps, plein
de douceur et d'ascendant, il soutenait la dignité épiscopale sans
manquer à la vertu monastique : *Eadem in corde humilitas, eadem
in vestitu vilitas; atque ita plenus auctoritatis et gratiæ, implebat
Episcopi dignitatem, ut non tamen monachi virtutem desereret* (1).

Vous connaissez tous, à une demi-lieue de votre ville, en remontant
le fleuve, un étroit vallon, encaissé entre la Loire et des rochers,
maintenant habité et gracieusement cultivé, autrefois solitude profonde, ombragée d'épaisses forêts : c'est là que Martin fonda le célèbre
monastère de Marmoutiers, qui fut si longtemps, comme l'a dit votre
éloquent Evêque, « l'un des foyers les plus ardents de la science
et des vertus monastiques (2). » Quatre-vingts moines s'y réunirent
autour de lui, et parmi eux des fils de riches familles gauloises,
accoutumés aux délicatesses d'une vie opulente, mais séduits et attirés
par Martin aux charmes austères de la vie cénobitique. Sulpice Sévère
avait évidemment vu cette vie et ce lieu, tant la description qu'il nous
en a faite, comme on dit aujourd'hui, de couleur locale. Saint Martin
habitait là, dans une cellule faite de branches d'arbres; plusieurs
moines s'étaient creusé dans le flanc du rocher des grottes qu'on voit
encore. Ils portaient tous, l'Évêque comme les autres, des vêtements
grossiers de poil de chevreau ou de chameau : ils ne faisaient qu'un
repas vers le soir : leur unique occupation était de prier et de copier
des manuscrits. Le jeûne, le travail, la prière, le silence, telle était

____

(1) S S., *de vitâ*, c. VII.

(2) Mgr l'Archevêque de Tours : *Mandement du 6 novembre 1861.*

leur vie. C'est là, dans ce séminaire des anciens jours, que saint Martin formait ses Diacres, ses Prêtres : on vit même sortir un grand nombre d'Évêques de ce monastère; car toutes les Églises étaient jalouses d'avoir des Prêtres et des Pontifes formés à l'école de Martin.

Mais je l'ai dit, Messieurs, saint Martin ne fut pas seulement parmi nous, le Patriarche des Solitaires, il fut en même temps le vainqueur, le destructeur du paganisme dans les Gaules.

Jusque-là, malgré la conversion de Constantin et le triomphe éclatant de la foi chrétienne, le paganisme était encore vivant, surtout dans les campagnes. Il y avait des populations entières qui ne connaissaient pas Jésus-Christ. Les autels druidiques, les arbres sacrés dans les bois, les temples des dieux romains étaient encore debout, gardés par l'aveugle superstition, par les traditions invétérées, par les colères et les menaces des peuples (1).

Actif, infatigable, intrépide, ne se donnant jamais de repos, saint Martin allait partout. Accompagné de ces hommes austères qui vivaient de sa rude vie à Marmoutiers, il poursuivait, avec le zèle et la charité d'un Apôtre, dans leurs derniers retranchements, les vieux restes des superstitions païennes. Il pénétrait dans les bourgs les plus reculés, dans les retraites les plus inaccessibles des forêts, partout où le paganisme avait cherché un dernier asile. La parole de cet homme de Dieu, de ce soldat devenu Apôtre, était inculte, peut-être, et il pouvait dire avec saint Paul : *Veni ad vos, non in sublimitate sermonis, neque in persuasibilibus humanæ sapientiæ verbis* « : Je « viens à vous, non avec l'art des paroles et les séductions de la « sagesse humaine; » mais comme saint Paul aussi il pouvait ajouter : *Sed in ostensione spiritûs et virtutis :* « Je viens à vous dans la vertu de l'esprit de Dieu (2); » et enfin avec le grand apôtre il avait le droit de dire : *Impendam et superimpendar ipse pro animabus vestris.* « Je me dévoue et me sacrifie moi-même pour vos âmes (3). » Sa suprême éloquence, c'était son cœur, son courage

---

(1) *Et vero ante Martinum pauci admodum, imo pene nulli in illis regionibus Christi nomen receperant.* S. S., *de vitâ*, c. x.

(2) S. Paul I *ad Cor.*, c. ii, v. 4.

(3) S. Paul II *ad Cor.*, c. xii, v. 15.

et son infatigable fermeté. C'étaient les frémissements de son âme et les cris de son zèle devant l'idolâtrie et le malheur de ces pauvres idolâtres; c'étaient ses profonds gémissements, car, comme saint Paul à Athènes, il frémissait tout entier, *totus infremuit*, « il gémissait « amèrement, quand il voyait ces foules qui ne connaissaient pas « le Sauveur, et sa voix, pour le leur faire connaître, prenait alors « des accents qui n'étaient pas d'un mortel, *nec mortale so-* « *nans* (1). » La résistance était souvent désespérée, et les luttes, avec ces populations ignorantes et grossières, si terribles, que plus d'une fois la vie du saint Évêque fut menacée par les païens furieux (2). Un jour tout un village se lève pour défendre un temple dont Martin demandait le renversement. Que fait-il pour les vaincre? Il a recours à ses armes ordinaires : retiré dans l'épaisseur du bois, il se jette par terre, et reste étendu trois jours sur la cendre et le cilice, priant avec larmes, joignant aux prières les jeûnes et les pénitences, afin que la puissance de Dieu opérât ce que la vertu de l'homme ne pouvait obtenir (3). C'est ainsi que l'homme de Dieu triomphait de toutes les résistances : bientôt les arbres sacrés étaient abattus, les idoles séculaires brisées, les vieux temples renversés, et Martin et ses compagnons se fatiguaient à baptiser les populations entières, hommes et femmes : et des églises et des monastères venaient remplacer les sanctuaires des faux dieux (4).

Ainsi furent enfin arrachées du sol des Gaules les dernières et fortes racines du paganisme romain et du vieux paganisme druidique : et encore une fois si la Gaule est chrétienne, c'est à saint Martin, à

(1) *Totus infremuit, nec mortale sonans verbum Dei gentilibus prædicabat; sæpius ingemiscens cur tanta Dominum salvatorem turba nesciret.* S. S., *Dial.* II.

(2) *Restitit ei gentilium multitudo, adeò ut non absque injuriâ fuerit repulsus... Cumque unus audacior cæteris, stricto eum gladio peteret.* S. S., *de vitâ.*, c. XII.

(3) *Itaque secessit ad proxima loca, ibique per triduum cilicio tectus ac cinere, jejunans semper atque orans, precabatur à Domino ut quia templum illud evertere humanâ manu non potuisset, virtus illud divina erueret.* Ibid., c. XII,

(4) *Nam ubi fana destruxerat, ibi aut Ecclesias, aut monasteria construebat.* (Ibid.)

ses vertus, et j'ajoute, à ses miracles, qu'elle doit la consommation de ce grand ouvrage.

Les miracles, avec les vertus, peuvent seuls expliquer une si prodigieuse action. Je crois aux miracles de saint Martin : j'y crois parce que les récits contemporains qui nous les transmettent respirent la plus saisissante véracité ; mais j'y crois encore plus à cause de l'œuvre qu'il a faite. Pour éclairer, pour dompter les populations aveugles et obstinées, il fallait renouveler les prodiges des temps apostoliques. Le monde païen n'a cédé qu'aux vertus et aux miracles des apôtres : à une telle œuvre, pour une si profonde transformation des âmes, il fallait les miracles. Pour arracher définitivement du vieux sol gaulois les superstitions séculaires, il les fallait aussi. — Je crois enfin aux miracles de saint Martin, parce que je crois à la vertu de la prière dans le cœur d'un Saint. Quand un miracle était nécessaire, quand le salut de toute une population en dépendait, que faisait Martin? Nous l'avons vu, il se jetait à terre, et il priait; il priait avec cette foi qui transporte les montagnes, avec cette charité qui touche le cœur de Dieu : et sa prière forçait le ciel. — Oui, de telles prières, appuyées sur une telle sainteté; ces supplications non interrompues, pas même par l'action, ces oraisons de toutes les heures, de tous les moments, cette âme toujours dans le ciel; ces jeûnes, ces veilles, ce cilice, cette cendre; ces labeurs, qu'un court repos, accordé à regret aux plus rigoureuses exigences de la nature, venait à peine suspendre; ces jours, ces nuits consacrés à l'œuvre de Dieu ; ces courses apostoliques, ces perpétuelles prédications ; ce corps dompté, macéré, ces sens asservis à l'âme; cette âme elle-même subjuguée, toutes ces passions vaincues : cette douceur, cette patience inaltérable dans les souffrances, dans les injures, cette charité sans bornes, cette humeur toujours égale dans une joie toujours sainte, car jamais on ne vit saint Martin ni triste, ni ému, ni irrité; en un mot, cette conversation toute céleste, cette existence surhumaine, voilà pour moi ce qui, avec la bonté de Dieu qui voulait nous sauver, explique tous ses miracles. Ah! si je ne voyais en saint Martin qu'un homme et une vertu vulgaire, je dirais : n'attendez que des œuvres vulgaires ; mais je vois un homme surhumain, et je crois à des œuvres surhumaines.

Le zèle pour la conversion des païens ne lui faisait pas du reste oublier le salut des fidèles, ni les besoins de l'Église : à pied, ou porté sur un âne, il visitait, en tous sens, toutes les parties de son diocèse. Il prêchait chaque semaine dans sa ville épiscopale : puis il s'en allait de ville en ville, de bourgade en bourgade, annonçant à tous la parole de Dieu : il instruisait et catéchisait lui-même les petits enfants ; il visitait et consolait les pauvres, les malades, tous les affligés : il recevait les voyageurs, et lavait leurs pieds : franchissant même les bornes de son diocèse, il allait faire entendre sa parole partout où on l'appelait, à Tulle, à Clermont, à Vienne, au Mans, à Chartres, à Saintes, à Bordeaux, à Sarragosse, à Trèves. On le vit enfin dans les Conciles plein de zèle pour la discipline ecclésiastique, pour la foi orthodoxe, lumière de ces assemblées d'Évêques, si fréquentes et si fécondes dans ces temps où l'Église vivait libre de sa pleine vie, et malheureusement aujourd'hui trop rares.

Tel était donc ce Pasteur selon le cœur de Jésus-Christ : toujours debout, sans compter jamais avec les fatigues, ni les périls ; souffrant quelquefois dans son cœur, car la vertu n'empêche pas de souffrir, mais allant, allant toujours, courageux et fort, aux besoins des âmes. Puis, avec cette douceur qui devient tout à coup une force indomptable, quand on lui enlève ses enfants, lorsque des proscrits l'implorent, lorsque les faibles sont opprimés et que de grandes iniquités se préparent, bravant tout pour sauver les malheureux, et dictant à la tyrannie elle-même les décrets que la justice ou la charité réclament.

S'il est une mission toute évangélique et épiscopale, Messieurs, certes, c'est bien la médiation pacifique qu'exercèrent plus d'une fois, dans les tumultes populaires ou les orages politiques, entre les peuples et les souverains, les grands Évêques d'autrefois. Ainsi vit-on Théodose désarmé par l'Évêque d'Antioche ; ainsi vit-on saint Martin intervenir plusieurs fois, soit auprès du comte de Tours, soit auprès des empereurs Valentinien et Maxime, pour les proscrits de la politique ou de l'hérésie.

Les instruments de la torture étaient prêts ; de malheureuses victimes allaient être livrées par le gouverneur de Tours à ce supplice qu'abhorre l'Église : Martin intercède avec force, et malgré ses douze licteurs, ses haches et ses faisceaux, le gouverneur est contraint de lâcher sa proie.

Quatre fois Martin parut à la cour des empereurs ; toujours avec le désintéressement d'un cénobite, la dignité et l'ascendant d'un grand Évêque : mêlant à l'humilité et au respect une noble hardiesse et une courageuse indépendance.

C'est toujours pour un Évêque, et dans les temps troublés surtout, une épreuve redoutable que de paraître devant les pouvoirs souverains, qui sont si forts contre la faiblesse humaine, et ont tant de moyens d'éblouissement et de corruption. Pour sortir victorieux de cette épreuve, deux choses sont nécessaires, de grandes vues, et surtout un grand caractère, un grand esprit et un grand cœur. Dans sa sainteté, Martin trouva l'un et l'autre, et nous allons le voir soutenir avec une dignité admirable, à la cour des empereurs, l'honneur du caractère épiscopal.

En vain Valentinien, qui redoute sa présence, qui se sent faible contre lui, refuse de le recevoir : Armé de la prière et de sa confiance en Dieu, Martin pénètre dans le palais, s'avance, à travers les gardes, jusqu'à l'empereur ; et Valentinien étonné, subjugué miraculeusement, descend de son trône, embrasse le saint Évêque, lui accorde toutes ses demandes, et lui offre de riches présents, que la sainte pauvreté du grand Evêque refuse.

Devant Maxime, saint Martin est encore plus grand. Trois fois il alla à la cour du tyran, sans calculer la distance de Tours à Trèves, pour essayer en faveur des malheureux l'autorité de son crédit. Certes, il devait lui en coûter beaucoup de s'arracher à sa chère retraite et à son troupeau, pour se rendre, au prix des plus rudes fatigues, et dans une extrême vieillesse, à une telle cour. Mais il était le seul espoir des proscrits, et la charité était plus forte dans son cœur que toutes les répugnances et les labeurs : *De forti egressa est dulcedo.* Un grand spectacle fut donné alors au monde chrétien dans un grand contraste.

« En nos tristes temps, de corruption et d'avilissement moral, » dit Sulpice Sévère, qui unit ici la profondeur d'un Tacite à l'énergie d'un Salvien, « notre plus grand bonheur fut de voir la constance « sacerdotale échapper à la bassesse adulatrice (1). » Il y avait à

____

(1) *Quamvis ut est nostrorum temporum ætas, quibus jam depravata omnia atque corrupta sunt, pœne præcipuum sit, adulationi regiæ sacerdotalem non cessisse constantiam* S. S., *de vitâ*, c. XXIII.

cette cour de Maxime, c'est toujours Sulpice Sévère qui parle, un spectacle honteux : ce n'étaient plus les nobles déférences des anciens Évêques, ni leurs respects toujours dignes et majestueux pour les pouvoirs publics « : C'était une foule de prélats courtisans, qui flattaient « bassement le prince, et, par leur indigne versatilité, dit encore « Sulpice Sévère, asservissaient la dignité du sacerdoce à la clientèle « impériale (1). »

Seul, au milieu de ces caractères abaissés, l'humble moine de Marmoutiers, le grand Évêque de Tours, soutint l'honneur de l'Épiscopat et de l'autorité apostolique. *In solo Martino apostolica Auctoritas permanebat.* Et telle fut sa fermeté à plaider les droits sacrés de la justice et de l'humanité, que ses prières furent des ordres : *Imperavit, potiusquam rogavit* (2). Il avait à demander la grâce de condamnés, le rappel d'exilés, la restitution de biens confisqués : Il obtint tout ce qu'il voulut ; et, parce qu'il fut le plus ferme, il fut le plus respecté de tous ces Évêques. Le tyran fit toutes les instances pour que l'Évêque voulût consentir à s'asseoir à sa table. Enfin, il se rendit aux prières de cet Empereur. Ce fut alors qu'au milieu de ces Évêques oublieux de leur dignité, Martin sentit la nécessité de donner une grande leçon, et il la donna. L'Empereur avait invité à ce repas, comme à une fête, une foule de personnages des plus illustres ; son frère et son oncle, avec le consul Évodius étaient là. Au milieu du repas, on présente, selon l'usage, la coupe d'honneur à l'Empereur. Celui-ci l'offre à l'Évêque, pensant la recevoir ensuite de ses mains. C'était juste ; mais il y avait ici une justice plus haute à exercer. Martin accepte la coupe, et au lieu de l'offrir ensuite à Maxime, il la présente au simple prêtre qui l'accompagnait, comme au plus digne (3) : proclamant ainsi simplement et noblement la dignité de

---

(1) *Cum ad imperatorem Maximum, virum bellorum civili victoriâ elatum, plures ex diversis partibus episcopi convenissent, et fœda circa principem omnium adulatio notaretur, seque degeneri inconstantiâ regiæ clientelæ sacerdotalis dignitas subdidisset* (S. S., *de vitâ,* c. **xxiii**).

(2) *Ibidem.*

(3) *Pateram presbytero suo tradidit, nullum scilicet existimans digniorem... Quod factum Imperator, omnesque qui tunc aderant, citò admirati sunt.* S. S., *de vitâ,* c. **xxiii**.

ce caractère sacerdotal qu'on avilissait là ; et afin de faire entendre qu'il y a dans le sacerdoce une élévation que rien ne peut abaisser, ni les grandeurs, ni les bassesses, et que, quand le monde, en certaines rencontres, a besoin de cette forte leçon, l'Église de Jésus-Christ ne manque jamais d'hommes pour la donner. La leçon fut comprise et admirée de Maxime lui-même, tant la conscience parle haut quelquefois, et tant était grande la vénération que le saint Évêque inspirait.

Mais rien n'égala les respects dont l'impératrice, femme véritablement chrétienne, se plut à l'entourer. Toutes les fois que Martin s'entretenait avec Maxime, elle, comme la femme de l'Évangile, dit Sulpice Sévère, se tenait à ses pieds, les arrosant de ses larmes, les essuyant de ses cheveux. Oubliant l'empire, la pourpre et le diadème, elle ne pouvait se lever des pieds du saint vieillard (1). Elle obtint enfin, et pour l'obtenir l'empereur joignit ses instances aux siennes, l'honneur de lui offrir chez elle un court et modeste repas : *Cœnula,* dit Sulpice Sévère, *castus apparatus.* Ce fut elle qui voulut présenter au saint Évêque l'eau pour les mains, et qui lui servit les mets qu'elle avait préparés elle-même. Puis, le repas fini, elle recueillit avec respect les miettes du pain qu'il avait mangé, miettes plus précieuses aux yeux de sa foi que les mets somptueux de la table impériale (2).

C'est après de tels honneurs, qu'il n'avait pu décliner, que l'humble Évêque reprenait, avec sa robe de bure, et son bâton de pèlerin, le chemin de son monastère.

Mais là, dans cet avilissement de la dignité sacerdotale, ne fut pas la plus grande douleur du Saint. Il vit à cette cour des Évêques

______

(1) *Jam septuagenario* (S. S., *Dial.* ii, n° 7).

(2) *Non illa opes regni, non imperii dignitatem, non diadema, non purpuram cogitabat: divelli à Martini pedibus, solo strata, non poterat; postremò à viro suo poposcit, deinde Martinum uterque compellunt, ut ei remotis omnibus ministris præberet sola convivium. Nec potuit vir beatus obstinatius reluctari. Componitur castus reginæ manibus apparatus; sellulam ipsa consternit, mensam admovet, aquam manibus subministrat : cibum quem ipsa coxerat apponit. Ipsa, illo sedente, eminus, secundum famulantium disciplinam, solo fixa, consistit immobilis, per omnia ministrantis modestiam, et humilitatem exhibens servientis : miscuit ipsa bibituro, et ipsa porrexit. Finità cœnulà, fragmenta panis assumpti micasque collegit, satis fideliter illas reliquias imperialibus epulis anteponens* (S. S., *Dial.* ii).

espagnols, qui, à peine échappés au fer des persécuteurs païens, et oubliant tout l'esprit de l'Evangile, étaient venus à Trèves pour y demander le sang des hérétiques, Priscillien et ses complices. Crime inouï, disait saint Martin, *novum et inauditum nefas!* Spectacle honteux et douloureux, qui déshonorait l'Eglise, car l'Eglise a horreur du sang, et qu'aussi elle ne put voir sans frémir. Et voilà pourquoi, quelque désirable que soit la concorde, et quelque tristes et amères que soient les luttes dans l'épiscopat, on vit saint Martin et saint Ambroise, les deux plus grands évêques de l'Italie et des Gaules, accourir des deux extrémités de l'Occident pour protester. Car il y a, Messieurs, pour un évêque, en certaines circonstances, des devoirs qui dominent tout, des principes qui ne permettent ni de se taire ni de transiger.

Saint Martin triomphe bientôt : l'empereur, convaincu par lui que c'est assez contre les hérétiques de la flétrissure imprimée à l'hérésie par l'Église, promet de ne pas donner suite à l'affaire des Priscillianistes : sur cette parole, Martin part : mais, lui une fois parti, les mauvais conseils prévalent, et les hérétiques sont mis à mort. A cette nouvelle, Martin revient à la hâte de Tours à Trèves, refuse de communiquer avec les Évêques provocateurs de la sentence, et ne cède enfin sur ce point que pour dérober de nouveaux infortunés à la mort. Cette condescendance que la charité lui arracha trouvait dans la charité son excuse. Cependant, il se la reprocha amèrement toute sa vie, et il disait dans la suite qu'il en sentait sa vertu amoindrie.

Ici, Messieurs, je ne puis m'empêcher d'en faire la réflexion.

Il est des hommes qui n'aiment pas l'Église, et qui, au lieu de discerner avec équité dans l'histoire, dans ce conflit d'idées et de passions qui s'y croisent et s'y choquent, ce qui est ou n'est pas l'esprit vrai de l'Église, ce qu'elle inspire ou ce qu'elle subit, ce qu'elle approuve ou ce qu'elle condamne, ramassent indistinctement tous les faits odieux, et les lui jettent à la face : mais quiconque voudra porter sur les hommes et les choses, sur les institutions et les temps, un jugement impartial et supérieur aux préjugés, pourra plus d'une fois, dans le cours des siècles, accuser les hommes qui sont faillibles, mais il ne pourra jamais inculper l'Église ; il ne confondra pas un homme, quel qu'il soit, avec l'Église, et s'il voit des ombres dans l'histoire, c'est-à-dire les passions humaines, il y verra aussi la lumière, le grand sillon de lumière à travers les siècles, c'est-à-dire les vertus, les doctrines vraies et inébranlables, les grandes œuvres. De même qu'on ne juge pas l'océan par l'écume qu'il rejette sur ses bords, on ne doit pas non plus juger l'Eglise par les démarches qu'elle condamne ou par les hommes qu'elle flétrit. Ici en particulier, Messieurs, si vous voulez connaître le vrai esprit de l'Eglise, oubliez Ithace, regardez saint Martin et saint Ambroise (1), écoutez aussi saint Grégoire de Tours (2), et sur tout ce Pontife qui, avec les Pères du concile de Turin, condamna les Ithaciens, le pape Sirice.

En achevant, Messieurs, je ne résiste pas au désir de vous faire admirer encore une fois la forte discipline où se retrempait ce grand caractère, où se nourrissaient toutes ces vertus. Ainsi donc, c'était sous son grossier vêtement de poil de chameau, que cet humble Évêque, ce pauvre moine de Marmoutiers, portait une âme si intrépide autant que tendre et charitable : et s'il a su se tenir debout devant les majestés de la terre, sans insolence comme sans bassesse, dans la calme immobilité de sa conscience, humble et grand, doux et fort tout à la fois, c'est parce qu'il était l'homme du désert, *incola deserti*, comme dit saint Jean Chrysostôme. Ni son austérité n'avait endurci son cœur, ni son humilité abaissé son courage, ni le repos de sa cellule engourdi son ardeur et éteint ses élans ; et deux choses l'ont toujours trouvé prêt à se lever et à combattre : le salut de ses frères, et l'honneur de l'Église. Et voilà les vertus qu'il couvait silencieusement dans sa cellule monastique. Voilà les fruits de cette vie de pénitence et d'austérités, de silence et de prière. Grâces immortelles en soient rendues au Dieu vivant, cet esprit ne meurt pas dans l'Église, et sous une forme ou sous une autre, il vit encore au milieu de nous. Mais, ô mon Dieu, répandez-le encore plus abondant dans nos cœurs : car nos temps aussi sont mauvais ; les périls menacent, les tentations grandissent, les âmes peuvent fléchir : plus que jamais l'Église a besoin de saints Évêques et de saints prêtres :

----

(1) *Cruentos sacerdotum triumphos.* Epist. xxv, *ad Irœneum.*

(2) Qui appelle *homicides* Ithace et ses partisans : *Cuidam homicidœ Episcopo* (Greg. Tur., *Hist. Franc.* lib. V, c. xix).

O mon Dieu ! envoyez-nous l'esprit des grands pontifes, et de loin, mais avec fidélité, faites-nous suivre leurs traces !

III

Le moment approchait où tant de mérites devaient enfin recevoir leur récompense : saint Martin était plus qu'octogénaire, il allait bientôt mourir : venez, Messieurs, contempler un grand et doux spectacle ; venez voir comment meurent les saints.

Dans ces hommes qui, comme saint Paul, meurent et revivent tous les jours par la vertu chrétienne, *quotidie morior ;* dans ces hommes anéantis, qui, par l'anéantissement même de ce qu'il y avait en eux d'impur, de misérable et de terrestre, ont fait défaillir le vieil homme, et succomber la mauvaise nature, il se fait, quand ils approchent du suprême détachement, de la dernière délivrance, je ne sais quelle transformation ravissante, je ne sais quelle venue de l'âme sur le visage, quel rayon divin, plus sensible que jamais, à travers les ruines de l'humanité défaillante.

Quand le vase mortel se brise, quand l'âme perce l'enveloppe grossière, il sort de là un parfum, il éclate une lumière, une flamme, quelque chose comme un reflet de la grâce et de la vie éternelle qui est en eux, et qui éclaire sur leur front l'ombre de la mort.

On dirait le soleil se couchant dans sa gloire, qui, dégagé de ses nuages, renvoie encore à la terre, avant de la quitter, un dernier rayonnement plus pur et plus doux...

Il y a dans leur voix défaillante comme les derniers adieux de la tendresse et de la vie humaine qui s'en va, et les premiers accents de la vie céleste qui approche...

Ce qu'ils disent alors à leurs disciples a une profondeur et une suavité incomparables.

Ces cœurs si tendres et si forts prennent alors je ne sais quoi de plus affectueux, de plus tendre encore.

Le timbre de leur âme a une pureté, un résonnement qu'il n'avait jamais eu à ce degré pendant la vie.

Mais nul peut-être, Messieurs, plus que saint Martin n'a eu, avant de s'éteindre, ce rayonnement pur et doux, ces accents déjà célestes.

Qu'il était beau à voir au milieu de ses moines, au milieu de son peuple, ce vieillard chargé d'ans et de vertus , que couronnaient tant de mérites et qu'entouraient tant de respects ! A mesure que son âge avançait, ses austérités semblaient croître. Son travail était continuel comme sa prière, ses jeûnes prolongés, sa mortification prodigieuse : sa couche était toujours un cilice étendu sur de la cendre : ses courses apostoliques ne cessaient point. On sait même que vers la fin de sa vie, l'infatigable Évêque fit une troisième fois le pèlerinage de Rome, pèlerinage si long et si difficile alors, mais si cher dans tous les temps aux Évêques catholiques ; et en vérité, Messieurs, quand on songe à ces grands voyages que faisaient si résolûment les hommes d'autrefois ; quand on voit saint Martin, par exemple, traverser si souvent d'un bout à l'autre l'Italie et les Gaules, nous-mêmes, malgré ces puissantes inventions modernes qui abrègent pour nous la distance, et mettent à nos pieds des ailes de feu, nous restons étonnés.

Toutes ces vertus de saint Martin paraissaient se purifier et s'adoucir encore aux approches du dernier jour, et prendre même je ne sais quoi de plus tranquille et de plus divin. Ce bon vieillard disait les choses les plus aimables : la bonté, qui était au fond de son âme, paraissait remonter à la surface, et se répandre et s'empreindre sur toute chose qu'il disait ou faisait. Sa patience surtout était admirable ; car le saint Évêque avait ses épreuves domestiques, ses injures, même dans son clergé ; et l'histoire a conservé le souvenir d'un de ses clercs, Brictius, qui insultait parfois avec légèreté à sa vieillesse. Il alla jusqu'à dire un jour à quelqu'un qui voulait voir saint Martin : « Si c'est ce vieux radoteur que vous cherchez , tenez, le voilà là-bas, occupé tout le jour à regarder le ciel. » Quand saint Martin eût donné audience à l'étranger, s'approchant de son clerc : « Eh bien ! Brictius, lui dit-il, vous trouvez donc que je suis un radoteur? » — Celui-ci ne manqua pas de répondre qu'il n'avait rien dit de pareil. « Brictius, reprit saint Martin, est-ce que mon oreille n'était pas près de vos lèvres, quand vous avez prononcé ces paroles? » Pour toute vengeance, le Saint lui prédit l'Épiscopat avec des croix et des souffrances : Brictius succéda en effet à saint Martin, souffrit extraordinairement, se sanctifia par ses souffrances, et devint saint Brice, dont vous faisiez il y a peu de jours la fête.

Les miracles mêmes de saint Martin, dont je n'ai pu, et je le regrette, vous parler en détail, n'avaient tous été, comme ceux du Sauveur, que des miracles de bonté : toujours pour le soulagement des pauvres, des malades, des énergumènes : sa tendresse, comme on le raconte d'un autre saint, s'étendait jusqu'aux animaux eux-mêmes.

Un pauvre lièvre poursuivi par des chasseurs impitoyables, — ils le sont toujours, vous le savez, Messieurs, — vient un jour se réfugier sous sa robe : le bon vieillard lui donne asile, et obtient sa grâce.

Tout le portait à Dieu et lui inspirait de saintes et gracieuses pensées.

Voyant un jour une brebis qu'on venait de tondre, il dit cette parole charmante : « Cette brebis a rempli le précepte du Sauveur: Elle avait deux robes : elle en a donné une à qui n'en avait pas. Nous, mes enfants, faisons de même (1). »

Étant sur la Loire en bateau, il aperçut des oiseaux, qui cherchaient à dévorer de petits poissons : « Vous voyez, dit-il, dans ces oiseaux l'image des démons, qui sont toujours en embuscade pour prendre les âmes (2). » Et aussitôt il donna ordre aux plongeons de s'en aller : ce qu'ils firent à l'instant.

Il rencontra un autre jour un pauvre pâtre en haillons qui gardait les pourceaux : « Voilà, dit-il, Adam chassé du paradis terrestre. Dépouillons-nous du vieil Adam pour nous revêtir du nouveau ; et commençons par vêtir ce pauvre enfant. »

Traits simples et familiers, mais touchants, de la vie intime du grand Évêque octogénaire, qui nous font pour ainsi dire vivre avec lui, et goûter de plus près sa sainteté et la bonne odeur de Jésus-Christ qui était en lui.

Puis un jour, — peut-être ici-même, sur le sol que nous foulons en ce moment, — il était environné de ses disciples ; tout à coup il leur dit, comme saint Paul : « C'en est fait, l'heure vient, je touche à ma fin, et la dissolution de ce corps de mort est proche : » *Ego enim jam*

---

(1) *Evangelicum. inquit, mandatum, ista complevit : duas habuit tunicas, unam earum largita est non habenti ; ita ergo et vos facere debetis.* S. S., *Dialog.*, III.

(2) *Forma hæc dæmonum est; insidiantur incautis, capiunt nescientes; captos devorant, exsalurarique non queunt devoratis.* (S. S., *Epist.*, III.)

delibor, et tempus resolutionis meæ instat (1). A ces mots, une grande tristesse se fait au cœur de ses disciples. Cependant, il apprend que sur les confins de la Touraine et de l'Anjou, au confluent de la Vienne et de la Loire, une querelle s'est élevée entre les clercs de l'Église de Candes. La paix fraternelle troublée entre les ministres de Jésus-Christ ! vous jugez de l'angoisse du saint Évêque. En vain on essaie de le retenir. Un généreux mouvement du zèle épiscopal et de la charité de Jésus-Christ le saisit, et il part, à l'âge de quatre-vingt-trois ans, d'autres disent quatre-vingt-dix, il dit adieu à ses clercs de l'Église de Tours, et à son monastère de Marmoutiers, et il descend en bateau le fleuve.

C'est à la mort qu'il allait ; digne sort d'un évêque de mourir dans l'exercice de la charité.

En effet, la paix ayant été rétablie bientôt par lui à Candes, le saint Évêque se disposait à revenir dans sa chère ville de Tours, quand tout à coup il sent ses forces défaillir : « C'en est fait, dit-il à ses disciples, le jour de ma délivrance est venu. » Tous éclatent en sanglots : « Eh quoi ! père, vous nous quittez ! et à qui nous laissez-
« vous ? Vous parti, des loups cruels envahiront votre troupeau, et
« qui pourra nous en défendre ? Nous le savons bien, vous désirez
« aller avec le Seigneur. Mais vous êtes bien sûr d'y aller un jour ;
« attendre ne diminuera pas votre récompense : O père ! ô père ! ayez
« pitié de vos enfants que vous délaissez (2). » Le bon vieillard alors versa des larmes, et après avoir pleuré, les yeux et les mains levés vers le ciel, il dit cette admirable parole : « Seigneur, si je suis en-
« core nécessaire à votre peuple, je ne refuse pas le travail. Votre
« volonté soit faite (3) ! »

Vous reconnaissez ici le grand cœur de saint Paul, qui avait dit la même parole : « Je voudrais être avec le Christ qui est ma vie : mais

____

(1) II *Ad Tim.*, IV, 6.

(2) *Cur nos pater deseris? Aut cui nos desolatos relinquis? Invadent gregem tuum lupi rapaces, et quis eos a morsibus nostris, percusso pastore, prohibebit? Scimus quidem desiderare te Christum: sed salva tibi sunt tua præmia; nec dilata minuentur; nostri potius miserere, quos deseris. S. S., Epist.*, II.

(3) *Domine, si adhuc sum, populo tuo necessarius, non recuso laborem : fiat voluntas tua.* Ibid.

s'il est nécessaire à cause de vous que je demeure dans cette chair mortelle, j'y consens : *Desiderium habens esse cum Christo : permanere autem in carne necessarium propter vos* (1). »

La fièvre dura quelques jours : Martin n'interrompait pas ses prières; couché, comme toujours, sur le cilice et la cendre. Ses disciples voulaient lui donner une couche plus douce. Le saint Évêque s'y refusa : « Non, dit-il, un chrétien ne doit mourir que sur la « cendre (2). »

Il était, à ce qu'il paraît, couché près d'une fenêtre, ce qui lui permettait de regarder le ciel; ses yeux ne pouvaient s'en détacher : « Père, « lui disaient ses enfants, souffrez qu'on vous change de côté, pour « vous soulager un peu : » — « Non, dit-il, laissez-moi regarder le « ciel plutôt que la terre, et mettre mon âme d'avance dans le chemin « qui doit la conduire au Seigneur (3). »

Le démon, qui l'avait si souvent assailli pendant sa vie, voulut essayer de le troubler à cette heure suprême, et se montra à ses côtés : « Que viens-tu faire ici, bête cruelle, lui dit le Saint, tu ne trou- « veras rien en moi qui t'appartienne. Le sein d'Abraham va me « recevoir (4). » C'est avec ces paroles, et dans ces calmes et sûres espérances que le vieil athlète de la pénitence chrétienne et de l'apostolat rendait à Dieu le souffle de vie qu'il en avait reçu. Déjà il ne tenait plus à la terre, il échappait aux embrassements de ses disciples, et parmi leurs larmes et leurs soupirs, l'âme du saint vieillard, conservée sainte et pure pendant plus de quatre-vingts ans dans un corps mortifié, s'envola, comme une blanche colombe, dans les joies éternelles.

IV

Telles furent, Messieurs, en quelques faibles et rapides paroles, la vie et les œuvres de votre grand Évêque, et il semble que je devrais

---

(1) *Ad Philip.*, i, 23.

(2) *Non decet, filii. inquit, christianum nisi in cinere mori.* Ibid.

(3) *Sinite, inquit, sinite me, fratres, cœlum potius respicere, quàm terram, ut suo jam itinere iturus ad Dominum spiritus dirigatur.* Ibid.

(4) *Quid hic, inquit, adstas, cruenta bestia? Nihil in me, funeste, reperies, Abrahœ me sinus recipit.* Ibid.

m'arrêter ici, et vous laisser sous l'impression d'un si grand spectale. Mais, Messieurs, je n'hésite pas à le dire, la vie de saint Martin, après sa mort, a été plus extraordinaire peut-être encore, ses œuvres plus puissantes et plus fécondes : non, il n'est pas de vie de Saint, dont la mémoire ait été gardée plus fidèlement dans le souvenir des peuples, et dont l'influence et les enseignements aient été plus profonds dans l'existence, les mœurs et les entrailles d'une nation. Pas de Saint qui ait eu une popularité plus grande, je ne dis pas seulement dans les Gaules, mais dans le monde chrétien tout entier : en Espagne, en Italie, sur les bords du Rhin, dans toute l'Allemagne catholique, en Pannonie, en Pologne. Nous ne pouvons donc finir ce discours sans jeter au moins un rapide regard sur cette gloire.

Certes, c'est bien du tombeau de saint Martin qu'on peut dire aussi qu'il a été glorieux : *Erit sepulchrum ejus gloriosum.* Saint Martin était à peine mort que l'éclat des miracles y appelait toutes les populations des Gaules. La basilique, qui gardait son corps vénéré, devenait un des sanctuaires les plus célèbres de la chrétienté, et on voyait commencer ce fameux pèlerinage de Tours, dont le premier concile d'Orléans, en 511, disait déjà : « Le pèlerinage de la Gaule, « c'est-à-dire le pèlerinage de saint Martin, ne le cède ni à celui de « Rome ni à celui de Jérusalem. »

Quand les Francs arrivèrent dans les Gaules, ils furent saisis à leur tour par cette grande mémoire. Clovis allant abattre à Vouillé les Visigoths et l'arianisme, fit respecter par son armée de barbares la basilique et les terres de saint Martin : « Où serait, disait-il, l'espérance « de la victoire, si nous offensions saint Martin? » Et, victorieux d'Alaric, il fit don à l'Église du cheval qu'il montait à la bataille. Sainte Clotilde vint abriter son veuvage et ses vertus près de ce tombeau. On y vit le roi Childéric, Dagobert avec saint Éloi, qui travailla pour les reliques de saint Martin sa plus belle et plus riche châsse : on y vit Clotaire Ier et sainte Radegonde, Ingoberge, veuve de Caribert, Pépin le Bref et Charlemagne : c'est là que Charlemagne venait prendre son étendard, comme on vint plus tard à Saint-Denis chercher l'oriflamme ; et deux basiliques furent bâties en l'honneur de saint Martin par ce grand prince, l'une en Pannonie, au lieu même où saint Martin était né, l'autre à Pavie, où il avait été élevé : Charlemagne voulut même que sa femme Luitgarde reposât à l'ombre du saint tombeau ; et près de la basilique aujourd'hui disparue, vous voyez encore, Messieurs, cette tour qui porte son nom. Presque tous les rois de sa race, Louis le Débonnaire, Lothaire, Charles le Chauve, Carloman, Bérenger, roi des Romains et des Lombards, témoignèrent de leur dévotion à saint Martin par des présents magnifiques : à leur exemple, Eudes, Hugues le Grand et Hugues-Capet, Charles le Simple, et plus tard Charles IV, saint Louis et ses successeurs, continuèrent les pèlerinages et les dons pieux au saint tombeau. Pendant les invasions normandes, c'était saint Martin qu'on invoquait comme le protecteur puissant de la France : ce furent ses reliques qui un jour frappèrent de terreur les Normands sous vos remparts. C'est au puissant guerrier saint Martin que le roi Raoul victorieux de ces barbares vint rendre de solennelles actions de grâces. La chape de Monseigneur saint Martin était portée dans les combats, et gagnait les batailles. Que de grands souvenirs de notre histoire se rattachent à ce tombeau ! C'est là que les rois venaient jurer leurs serments les plus sacrés, ou invoquer la protection de Dieu sur leurs armes ; là que les chevaliers venaient prendre la croix ; là que Philippe-Auguste et Richard Cœur de Lion se croisèrent ; là que Suger vint demander *les biens de la vie éternelle :* c'est encore de là que partit Jean de Brienne pour Jérusalem ; là que Charles VI arma Boucicault, maréchal de France. Louis XI avait fait placer sa statue à genoux devant ce tombeau, et avait entouré le monument vénéré d'une grille d'argent : mal en prit à François Ier d'y faire injure ; ce jour-là même il perdait, sur les terres données par Charlemagne à saint Martin, la bataille de Pavie, et après sa captivité il vint faire au Saint offensé une amende honorable. On sait que nos rois s'honoraient du titre de chanoines de saint Martin ; et Louis XIV vint y faire en personne, à ce titre, son installation solennelle.

Avec les rois et les guerriers, on vit des Papes même venir du tombeau des saints apôtres, et des Évêques accourir des plus lointains pays à cette tombe glorieuse : Urbain II, au retour du fameux Concile de Clermont, voulut y faire son pèlerinage, et après lui, Alexandre III, Pascal II, Calixte II : Innocent III y envoya ses délégués ; le monastère de Marmoutiers eut même la gloire insigne de voir un de ses moines monter au trône de saint Pierre : on y vit jusqu'à des

Évêques Orientaux , un Archevêque de Ninive , des Évêques d'Arménie.

Et non-seulement des rois, des Évêques, des Papes, accouraient à ce tombeau, mais la basilique de Saint Martin devenait, comme celle de Saint-Denis, une sépulture royale. Avec Clotilde et Luitgarde, et l'illustre Alcuin, des impératrices et des reines, des fils de France, les comtes d'Anjou et de Touraine, les plus illustres personnages ambitionnaient l'honneur de dormir leur dernier sommeil près des reliques sacrées de saint Martin.

Que dirai-je encore ?

Avant la bataille d'Hastings, Guillaume le Conquérant fait un vœu à saint Martin, et, après le triomphe, l'accomplit sur le lieu même, en y bâtissant un monastère. Un archevêque d'York, au xie siècle, écrit une vie de saint Martin ; et déjà au vie siècle, en Angleterre, plusieurs églises étaient bâties en son honneur, et ce fut dans une de ces basiliques que le saint et illustre envoyé de saint Grégoire le Grand, le moine Augustin, fit sa première prédication.

En Hongrie, les images et les statues de saint Martin sont partout, dans les villes, dans les bourgs, dans les villages : c'est dans la cathédrale de Saint-Martin que les rois de Hongrie se faisaient couronner.

En Pologne, c'était aussi saint Martin qu'on invoquait dans les grands dangers ; c'est en son nom que Jean Sobieski animait ses troupes et promettait la victoire le jour de cette grande bataille contre les Turcs, livrée en 1673, le 11 novembre, en la fête même de Saint-Martin, et qui porta le futur libérateur de Vienne et de la chrétienté sur le trône de Pologne.

Telle fut donc, en France et partout, la gloire de saint Martin. Les regards de tout ce qu'il y avait d'illustre et de puissant sur la terre étaient tournés vers ce tombeau : tous voulaient avant leur dernière heure y avoir fait leur pèlerinage. Mais au-dessous des rois, des princes, de ce qui est grand et illustre dans le monde, il y a le peuple, il y a tout ce qui dans le fond de cette vallée de larmes, n'est pas grand aux yeux des hommes, et l'est souvent aux regards de Dieu, grand par la foi, par l'amour, par l'humilité des obscures vertus, par la pauvreté, par la souffrance ; tout ce qui pleure ici-bas, tout ce qui sent les peines et les luttes de la vie, et a besoin d'une consolation et d'un secours.

Eh bien ! toute cette humanité souffrante et croyante est venue là ; les dalles de ce tombeau furent usées pendant des siècles par les pas des générations fidèles, qui venaient implorer le crédit de ce grand Saint, ici, ici même, sur le sol qui vous porte, Messieurs,... vous qui peut-être, pardonnez-moi de le dire, ne sentez pas assez vos besoins, vos faiblesses, et ne songez pas à solliciter de Dieu les biens qui vous manquent et la délivrance des maux qui vous accablent.

Et maintenant, Messieurs, comment ne pas se le demander en finissant : Qu'est-ce donc que la Sainteté, et d'où lui vient cette prodigieuse vénération des peuples, et leur foi persévérante en son crédit ? Serait-ce qu'en effet la Sainteté est la plus grande chose qui puisse se rencontrer ici-bas, la plus haute puissance à laquelle puisse monter l'homme, la plus pure gloire des nations où elle éclate, et la plus sûre protection des peuples au jour des calamités privées et publiques ? Oui, Messieurs, la Sainteté, un grand Saint est tout cela, et la conscience populaire, qui ne se trompe pas, en a l'instinct ; et de là vient que saint Martin, en qui la Sainteté s'est si admirablement manifestée, est tout à la fois pour la France une gloire catholique et une gloire nationale.

Non, Messieurs, il n'y a pas une terre en France qui ait été plus bénie que la vôtre ! Il n'y a pas dans l'Église une existence plus grande que celle de votre saint Évêque ; pas un Évêque qui ait donné à son Église une existence plus illustre que celle dont vous devez la gloire à saint Martin. On dirait que par un dessein particulier de la Providence, Tours a été, par saint Martin, le centre et le foyer de la religion en France : et ce serait un étrange aveuglement et une bizarre ingratitude, je le dirai même, une bassesse d'esprit et de cœur, que de ne pas sentir tout ce qu'il y a eu pour vous et vos pères, tout ce qu'il y a encore ici de splendeur immortelle par cet incomparable Évêque.

Vous avez fait une grande chose, Monseigneur, et tous les Évêques de France vous y aideront, quand vous avez eu la noble et toute épiscopale pensée de relever la basilique de Saint-Martin ; et sur cette terre de France, qui est certes, entre toutes, prédestinée aux grandes

choses, et où tant de grandes choses ont été faites par la générosité
de cette illustre nation... mais aussi, il faut le dire, où tant de grandes
choses, par je ne sais quelle secrète défaillance de notre caractère,
léger quelquefois jusqu'à l'ingratitude, ont été oubliées, méconnues,
foulées aux pieds... je doute qu'il en soit une plus haute à accomplir
que la restauration par vous commencée.

Oui, Messieurs, il y a eu parmi nous assez d'oublis, de dédains,
d'injustices, assez de ruines qui ne seront jamais relevées : il est temps
de relever ce qui peut l'être encore, les grands monuments, les grandes
mémoires ; et sans méconnaître ce qu'il y a de généreux, de bon, de
noble, dans les aspirations et les pensées de la civilisation moderne, il
est temps de renouer avec un passé dont l'éclat illustrera toujours la
France. Notre âge paraît l'avoir compris, et des réhabilitations inat-
tendues se font de nos jours, des retours de justice inespérée : ce sera
l'honneur de ce temps devant l'équitable avenir. Pour nous, nous n'au-
rons plus du moins à pleurer sur la mémoire oubliée de saint Martin,
sur le pèlerinage interrompu à son tombeau, sur sa basilique disparue, sur votre Église et notre patrie découronnées de cette gloire.
Permettez donc, Messieurs, qu'après avoir félicité votre vénérable
Évêque, je vous félicite aussi vous-mêmes du généreux concours que
vous lui avez prêté jusqu'ici, et que vous lui promettez jusqu'à la fin.

Oui, donnez des premiers cet exemple à la France, de relever
parmi nous les grands cultes ; et poursuivez noblement une œuvre,
qui d'ailleurs ne peut manquer d'attirer les meilleures bénédictions
du Ciel sur vous, et sur tout ce que vous avez de cher ici-bas ;
et si vous me permettez de vous dire ce dernier mot en témoignage
de mon affection et de ma reconnaissance, vous aurez fait là, pour
vos âmes, pour vos familles, pour votre pays, une de ces œuvres
qui ne se perdent jamais, qui se retrouvent toujours ; et par là Tours
aura bien mérité d'elle-même, bien mérité de la France et de
l'Église, bien mérité de saint Martin, bien mérité de Dieu, qui fait
les Saints et qui les couronne, et les rend secourables à ceux qui
savent dignement les honorer.

ORLÉANS. — IMP. ERNEST COLAS